Kleine Meditationen für Frauen

EIN ORT DER RUHE

Amy E. Dean

EIN ORT DER RUHE

Fotografien von
Lisa Schäublin

SCHERZ

In dir ist eine *Ruhe* und ein Refugium, in das du dich jederzeit zurückziehen kannst und wo du ganz du selbst sein kannst.

Hermann Hesse

Oft geht man mit dem Gefühl nach Hause, angespannt, überdreht und ausgebrannt zu sein. Umso wichtiger ist es, nach der Arbeit irgendwo in Ruhe ausspannen zu können. Denn dort – im Garten, im Park, in der Badewanne oder im Lieblingssessel – kann man die Augen schließen und endlich den Frieden auskosten, den man so sehr verdient hat.

Meditation, Ruhe, Naturerfahrung und Gebet können helfen, mit kleineren Belastungen fertig zu werden und zu verhindern, dass sie zu größeren werden. Man sollte versuchen, täglich zwanzig Minuten Zeit dafür zu finden, einem geistigen Bedürfnis Aufmerksamkeit zu schenken, um Frieden und Ruhe zu finden.

Die Natur zu schätzen und mit ihr «Verbindung aufzunehmen» lässt dich Abstand zu dir selbst gewinnen. Die Natur hilft dabei, Schwierigkeiten und Probleme für eine kurze Weile zu vergessen und Geist und Herz neuen Erfahrungen zu öffnen. Sie zeigt dir etwas, das größer ist als der einzelne Mensch.

Mach dir eine Liste mit all deinen nichtmateriellen Wünschen. Unterstreiche den Punkt, der dir am wichtigsten ist. Unternimm etwas, das dich diesem Ziel näher bringt. Die Erfüllung dieses einen Wunsches schenkt dir ein Glück, das mit Geld nicht zu kaufen ist.

Selbst gemachter *Stress* besteht darin, freiwillig zu versuchen, zu viele Dinge in zu wenig Zeit zu erledigen.

Linda Weltner

Wie man mit Stress umgeht, lernt man zumeist in der Kindheit. Wie haben deine Eltern Stress bewältigt? Versuche dich zu erinnern, wie sie mit ihrem Terminkalender jonglierten, ihre Kinder versorgten, ihre Finanzen regelten und mit Partnerschaftsproblemen umgingen. Dabei wirst du viel über deinen heutigen Umgang mit Stress erfahren und entdecken, dass es sich dabei meist um ein erlerntes Verhalten handelt.

Solange du weißt, wann zu einer Situation ja und wann nein zu sagen ist, hast du es in der Hand, ob du den Stress in deinem Leben verringern oder vergrößern willst.

Der französische Apotheker Emile Coué setzte erstmals affirmatives Denken für die Stressbehandlung ein. Er glaubte fest daran, dass die Kraft eines positiven Gedankens reiner Willenskraft bei weitem überlegen sei. Das Wiederholen von Sätzen oder Erklärungen mit positivem, beruhigendem Gedankengut trägt wesentlich zur Entspannung bei, wenn man fest daran glaubt.

Ich bin kein Optimist, denn ich bin nicht sicher, dass alles ein gutes Ende finden wird. Ich bin aber auch kein Pessimist, denn ich bin nicht sicher, dass alles schlecht ausgehen wird. Ich bewahre einfach die Hoffnung in meinem Herzen.

Václav Havel

Zu keinem Ziel führt ein Königsweg.
Ein Schritt nach dem anderen.
Was schnell wächst, welkt auch genauso schnell wieder; was langsam wächst, hat *Dauer.*

Josiah Gilbert Holland

Um Bedeutung und Bestand zu haben, dürfen manche Dinge nicht forciert werden, sondern müssen gemäß ihrem eigenen Rhythmus geschehen. Alles, was du heute für die Dinge tun kannst, die du dir für morgen wünschst, ist, sie sich nach ihrem eigenen Tempo entwickeln zu lassen.

Selbst wenn sich der emotionale Ausdruck der Liebe von Zeit zu Zeit ändert, trifft das für die Existenz der Liebe nicht zu. Liebe ist eine Konstante, gleichgültig, in welcher Form sie im Leben auftritt. Wie die Sonne auf- und untergeht, kommt und geht auch die Liebe. Und sie taucht, wie die Sonne, immer wieder auf.

Eine Arbeitsplatzstudie ergab, dass man im Durchschnitt alle zehn Minuten bei der Arbeit unterbrochen wird. Das bedeutet, dass es nahezu unmöglich ist, kontinuierlich nachzudenken, zu planen oder zu arbeiten. Versuche alle von außen kommenden Reize zu reduzieren, um Zeit für dich zu gewinnen, in der du nicht gestört werden willst.

Man muss sich langfristige Ziele setzen, dann frustriert es nicht, wenn kurzfristig etwas schief geht. Ohne langfristige Ziele, auf die man hinarbeiten kann, wird man leicht vom täglichen Kleinkram überwältigt. Ohne dass ein Traum oder ein fernes Ziel näher rücken, besteht wenig Hoffnung auf Veränderungen und Wachstum.

Wenn nicht *jetzt*, wann dann?

Der Talmud

Bist du ängstlich, wenn du es mit einer neuen oder unbekannten Situation zu tun hast? Angst und Unsicherheit sind normale Reaktionen auf schwierige oder neuartige Situationen. Aber wenn du zulässt, dass sie dein Denken und Handeln bestimmen, kann es damit enden, dass du völlig handlungsunfähig und eingeschüchtert wirst.

Ich mag Bäume, denn ich habe den Eindruck, dass sie sich besser an ihre Lebensumstände anpassen als andere Lebewesen», sagt Willa Cather. Um gut zu leben, muss man angemessen auf seine Umgebung reagieren, auch wenn diese Umgebung sich ungewohnt oder unvorhergesehen verhält.

In jedem Arbeitsleben, in jeder zwischenmenschlichen Beziehung und in jeder Lebenssituation kommt es unausweichlich hin und wieder zu Turbulenzen. Anstatt aber nun zu versuchen, alles und jeden zu ändern, sollte man einfach alles etwas leichter nehmen und den Dingen ihren vorgegebenen Lauf lassen.

Die besten Beziehungen bestehen zwischen Menschen, die zunächst einmal mit sich selbst glücklich sind. Wenn du aufhörst, den anderen verändern zu wollen, und dich stattdessen darauf konzentrierst, wie du dich selbst ändern kannst, wirst du erstaunt feststellen, wie sich dadurch auch die Beziehung verbessert.

Du musst an dich glauben – glauben, dass du die *Lösung* für das Problem findest… und glauben, dass du fähig sein wirst, die dazu notwendigen Schritte zu unternehmen. *Marsha Sinetar*

Abstand zu Problemen zu gewinnen, kann zu ihrer Lösung beitragen. Oft ist es einfacher, eine Lösung zu finden, wenn man nicht ständig darüber nachgrübelt. Die Energie auf etwas völlig anderes zu lenken, kann Entspannung verschaffen und Perspektiven verändern. Anstatt eine Lösung zu erzwingen, löst sich das Problem oft fast wie von selbst.

Wir brauchen die Stärke, die wahre Bedeutung von Problemen zu erkennen, und das Vertrauen, uns vorzustellen, dass wir auf sie Einfluss nehmen können. Wenn wir daran glauben, dass eine schwierige Situation uns überwältigen wird, wird es so kommen. Wenn wir dagegen glauben, dass es für jedes Problem eine Lösung gibt, werden wir eine finden.

Wichtiger Bestandteil eines guten Managements ist die Fähigkeit, erfolgreich zu delegieren. Um Hilfe zu bitten und die Belastungen mit anderen zu teilen, sind Möglichkeiten, die eigene Verantwortung aufzuteilen. Dann kann man auch einige Zeit für sich beanspruchen, in der man, anstatt stets «im Dienst» zu sein, «dienstfrei» hat.

Wie sähe dein Leben aus, wenn du das Wort «versuchen» durch das Wort «können» ersetzen würdest? Der Unterschied zwischen «ich kann es versuchen» und «ich kann es» ist der Unterschied zwischen dem Zweifel an den eigenen Fähigkeiten und dem Glauben an sich selbst.

Statt uns vorher Sorgen zu machen, wollen wir lieber vorher *nachdenken* und planen.

Winston Churchill

Den Tag mit einer vorgefassten gefühlsmäßigen Einstellung zu beginnen kann bestimmen, wie der Tag verläuft und wie man mit den Ereignissen des Tages umgeht. Jeder Tag, der mit einer positiven Haltung und entspannt beginnt, wird weniger stressig sein und mehr Spaß machen.

Arbeit ist Ausdruck von Energie und Kreativität. Das Geheimnis eines erfüllten und glücklichen Arbeitslebens besteht darin, etwas gerne zu tun – nicht nur, weil man dabei etwas für sich herausholt, sondern weil es auch für andere etwas bedeutet.

Wenn man sich vor etwas fürchtet, ist es das Schlimmste, davonzulaufen. Man muss sich seinen Ängsten stellen, sie bekämpfen. Und sich vor allem nicht ständig das «Schlimmste» vorstellen. Nichts kann so schlimm sein wie die eigene Einbildung vom «Schlimmsten».

Es wird nur selten erkannt, was für ein wichtiges Instrument Humor beim Umgang mit den Belastungen des Alltags ist. Humor kann für den Körper ebenso gesund sein wie Aerobic: Ein herzliches Lachen bringt Herz, Atmung und Kreislauf auf angenehme Weise in Schwung und lockert die Muskeln.

Nicht zu wissen, wann es *genug* ist, löst große Schwierigkeiten aus. Zu viel zu wollen, löst große Konflikte aus. Wenn wir wissen, wann es genug ist, wird es immer genug geben.

Tao-te ching

In viel zu vielen Konflikten sind die Menschen so damit beschäftigt, anderen Schuld zuzuweisen und ihr Ego zu verteidigen, dass sie darüber vergessen, das Problem zu lösen. Sie machen den Fehler, beim Auftreten von Konflikten nicht zu agieren, sondern zu reagieren. Das erschwert eine vernünftige Kommunikation und das Hinarbeiten auf einen Kompromiss.

Worte können machtvolle, verletzende Waffen sein. Sie können aber auch sanft heilen und uns die Bitternis des Lebens versüßen. Freie Meinungsäußerung bedeutet nicht, dass man alles, was einem einfällt, auch sagen sollte, nur weil einem eben gerade danach ist. Auch die Kommunikation mit anderen ist eine Handlung, und man sollte verantwortlich damit umgehen.

Man kann sich in jeder Situation, die man als stressig empfindet, eine «Auszeit» gönnen: bei der Arbeit, während eines Familienkonflikts oder sogar mitten in einem Streitgespräch. Sie besteht einfach in einer kurzen Unterbrechung, in der man sich wieder beruhigt und Luft holt, um die Sache anschließend wieder ganz neu und effektiver angehen zu können.

Bei Ärger ist es am besten, zu meditieren, zu schlafen, zu lesen oder spazieren zu gehen. Nutze diese Zeit der Ruhe und Entspannung, um aus der defensiven Haltung herauszukommen. Dann bist du wieder objektiv genug, um Gefühle auf eine angemessene Weise ausdrücken zu können – ohne dabei negativ oder verletzend zu werden.

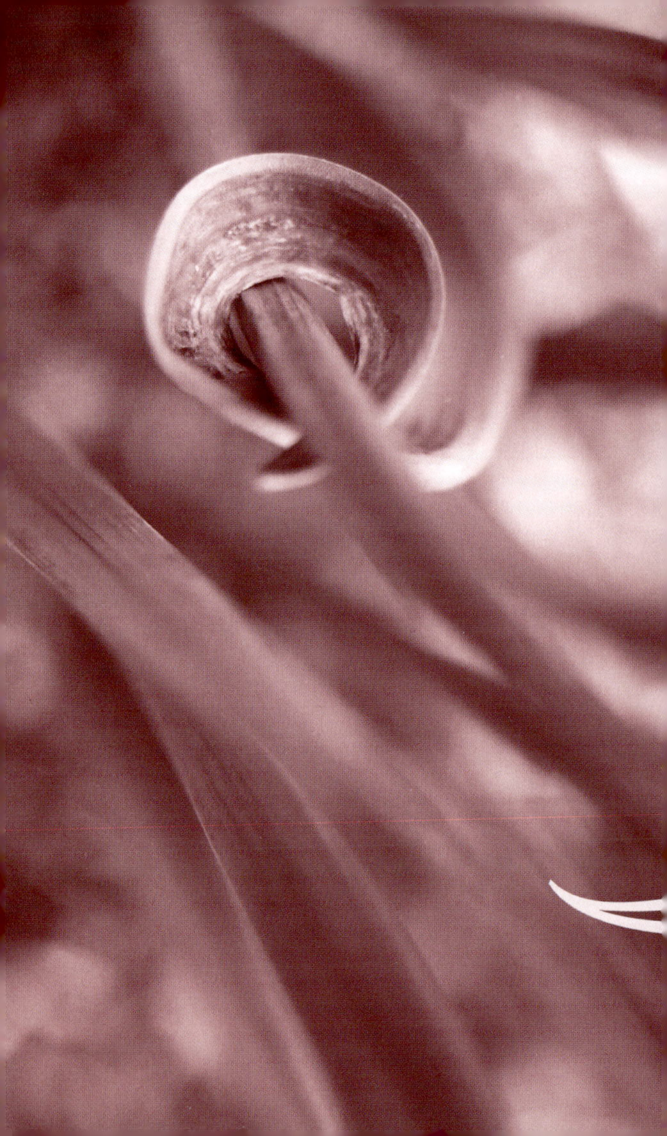

Wenn man sich vom zu schnellen Laufen erholen will, muss man *langsamer* gehen. *William E. Coles*

Es gibt viele Situationen, die «Stressreaktionen» auslösen, so dass sich die Muskeln verspannen, der Herzschlag beschleunigt oder der Magen sich nervös verkrampft. Mach einen Spaziergang, fahre Rad oder gehe joggen. Begegne den Ereignissen in deinem Leben nicht mehr nur mit automatischen Reaktionen, sondern mit bewussten Aktionen.

Wie entspannst du dich? Stell dir im Geiste Farben vor. Überlege, welche Farbe für dich Stress verkörpert. So kann Rot für Wut stehen, Gelborange für Frustration. Beruhigende Farben sind Himmelblau, Tannengrün, Rosa. Stell dir vor, wie die beruhigende Farbe mit einem Schwamm langsam die Stressfarbe «wegwäscht». Das Visualisieren von Farben wirkt auf völlig unschädliche Weise beruhigend!

Besteht dein Leben aus einer endlosen Liste von Pflichten, Terminen, Besorgungen, Papierkram, Telefonaten und dem Vorbereiten von Mahlzeiten? Jedes Mal, wenn du einen Punkt vom Anfang der Liste erledigt hast, taucht am unteren Ende der Liste ein neuer auf. Sei liebevoll zu dir selbst. Füge deiner Liste den Punkt hinzu: Zeit für mich selbst!

Es ist zwar richtig, sich Ziele zu setzen, aber nicht alles in deinem Leben muss eines sein. Gönne dir öfter etwas, das nicht zielgerichtet ist. Denke daran, dass es zwar wichtig ist, die Zielrichtung einzuhalten, dass es aber mehr Spaß macht, auf ein paar interessanten Umwegen ins Ziel zu gelangen.

Anspannung ist eine Gewohnheit. *Entspannung* auch. Schlechte Gewohnheiten lassen sich ändern, gute Gewohnheiten einüben.

William James

Ein gutes Körperbewusstsein kann dabei helfen, schlechte Angewohnheiten abzulegen und sensibler dafür zu werden, wann man eine Pause braucht. Selbst eine Pause von nur drei Minuten kann deinem Körper die Gelegenheit geben, Spannung abzubauen und neue Energie zu sammeln.

Wenn du das Bedürfnis hast, wie eine Concorde durch den Alltag zu rasen, lege einen Halt ein und hole tief Luft. Konzentriere dich darauf, wie sich deine Lunge mit Atem füllt. Nach drei tiefen Atemzügen nimm deine Aktivitäten wieder auf – jedoch in einer spürbar reduzierten Geschwindigkeit.

Hast du aus deinem Beschäftigtsein einen Full-Time-Job gemacht? Halte einen Augenblick inne und frage dich: «Ist mein Beschäftigtsein wirklich produktiv?» Vielleicht musst du entdecken, dass du mehr Zeit damit zubringst, deine Zeit irgendwie auszufüllen, als damit, die Dinge zu tun, die tatsächlich für dich wichtig sind.

Reserviere dir öfter Zeit, die du nur mit dir allein verbringst. Halte in einem Tagebuch fest, was dir die allein verbrachte Zeit bedeutet und wie du zu dir stehst. Tu das regelmäßig; dann wirst du dich besser kennen lernen und herausfinden, dass deine eigene Gesellschaft dir Spaß macht.

Die sichtbare Arbeit ist getan.
Tue nun die *Arbeit deines Herzens…*

Rainer Maria Rilke

Mit Ordnung die Unordnung und mit Ruhe den Lärm zu bekämpfen bedeutet, mit seinen Gefühlen in Einklang zu leben», sagt Sun Tsu. Mit Menschen und Dingen ruhig und besonnen umzugehen und großen, unerwartet auftretenden Schwierigkeiten gelassen zu begegnen, das ist hohe Lebenskunst.

Wenn du immer mehr willst, heißt das, dass du mit dem nicht zufrieden sein kannst, was du hast. Dann kannst du nur scheitern. Niemand hat jemals «alles» besessen. Statt in Kategorien wie «alles oder nichts» zu denken, akzeptiere lieber, dass du in mancher Hinsicht vielleicht wenig besitzt, in anderer dagegen sehr viel.

Erwarte nichts. Heute: das ist dein Leben.» Dieser Satz Tucholskys kann dir dabei helfen, dich auf die Gegenwart zu konzentrieren. Er verhindert, dass du dich in Gedanken mit Sorgen und Befürchtungen über die Zukunft beschäftigst, statt dich um den Zeitraum zu kümmern, in dem du am meisten ausrichten kannst – die Gegenwart.

Du kannst dein Leben als eine Straße sehen, die offen und ohne Schranken vor dir liegt. Es liegt an dir, die selbst auferlegten Beschränkungen aufzuheben, die dich daran hindern, deiner Phantasie freien Lauf zu lassen, und es zu wagen, wie ein Kind zu träumen.

Zweite Auflage 2000
Die Texte stammen aus Amy E. Dean:
«Ruhe finden»